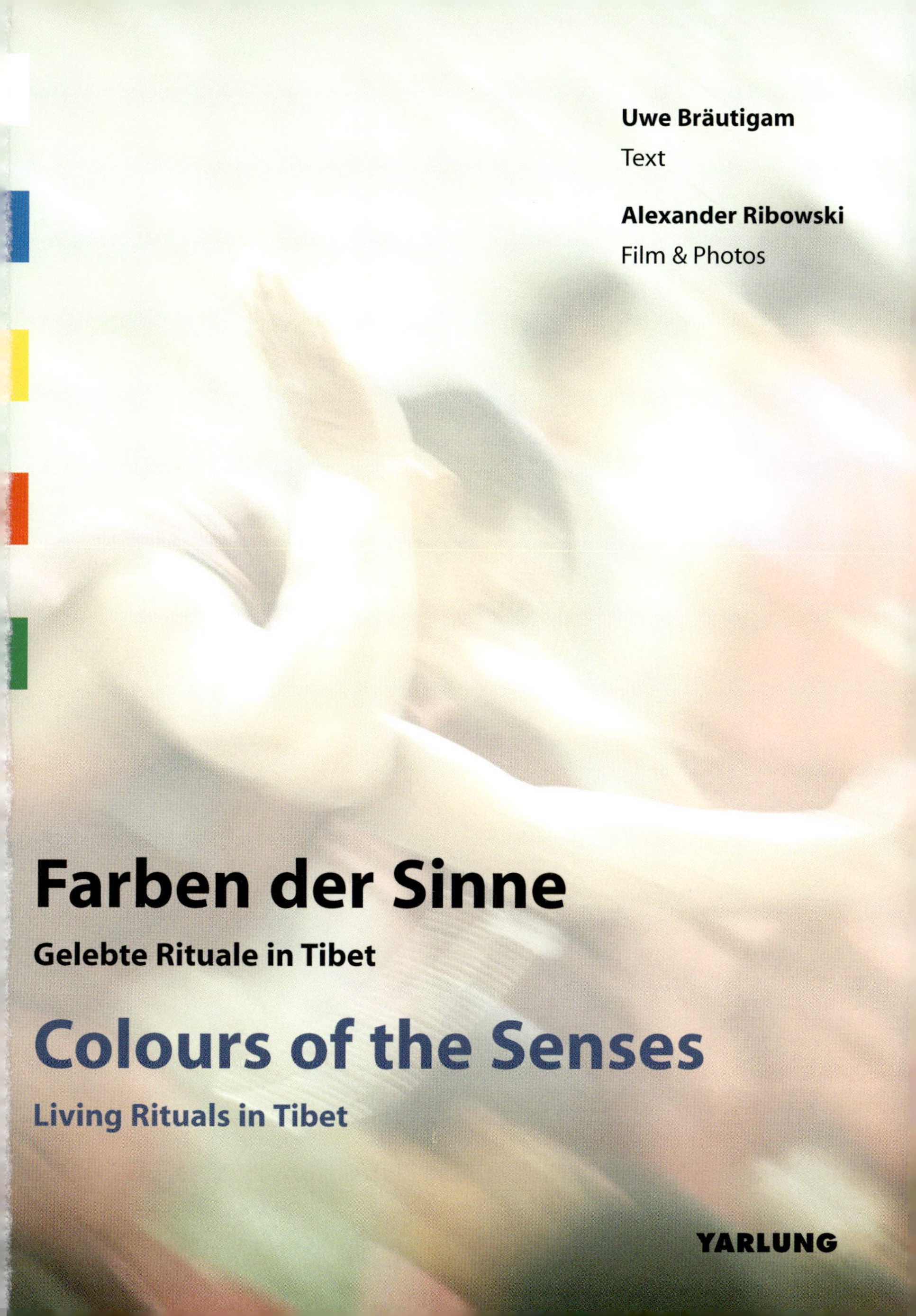

Uwe Bräutigam

Text

Alexander Ribowski

Film & Photos

Farben der Sinne

Gelebte Rituale in Tibet

Colours of the Senses

Living Rituals in Tibet

YARLUNG

Einleitung

Dieses Buch und die beiliegende DVD bilden eine Einheit. Das Buch enthält grundsätzliche Informationen zur Bedeutung der tibetischen Rituale und erklärt die Symbolik der fünf Tathagata-Buddhas. Unser ganzes Universum wird im tibetischen Buddhismus als Erscheinungsform dieser fünf Buddhas gesehen. Basierend auf dieser Symbolik zeigt die DVD Filme aus dem heutigen Tibet mit buddhistischen Ritualen und Praktiken, wie sie von Mönchen, Nonnen und Laien ausgeführt werden.

Die Filme wurden zwischen 1997 und 2000 ausschließlich in Tibet gedreht. Der Kameramann reiste ohne Filmteam. Durch seine einfühlsame Vorgehensweise und die Verwendung einer unauffälligen Digitalkamera ohne Stativ entstanden sehr authentische Filmaufnahmen.

Introduction

This book and the accompanying DVD make up a unit. The book contains fundamental information regarding the significance of Tibetan rituals and explains the symbolism of the five Tathagata Buddhas. In Tibetan Buddhism our whole universe is regarded as a manifestation of these five Buddhas. Based on this symbolism the DVD shows films of present-day Tibet with Buddhist rituals and practices as they are carried out by monks, nuns and lay people.

The films were shot exclusively in Tibet between 1997 und 2000. The cameraman travelled without a film team. Thanks to his sensitive approach and the use of an inconspicuous digital camera without a tripod, extremely authentic film shots were produced.

Novize bei der Besichtigung des Potala-Palastes in Lhasa.
A novice visiting the Potala Palace in Lhasa.

Das Ritual

Das Wort Ritual leitet sich vom lateinischen *ritus* ab und bedeutet Sitte, Gebrauch. Rituale sind Handlungsabläufe, die inhaltlich und zeitlich festgelegt sind. In ihnen spielen die Teilnehmer eine bestimmte Rolle. Rituale sind vor allem körperliche Darstellungen und Inszenierungen, in denen sprachliche und gestische Elemente, häufig auch Musik, sowie verschiedene Gegenstände, die mit besonderer Bedeutung belegt sind, eingesetzt werden. Sie entfalten sowohl individuelle, wie auch gesellschaftliche Wirkungen. Den Praktizierenden ist häufig nur ein Teil der Bedeutung des Rituals bekannt. Rituale strukturieren die Zeit, den Tages- und Jahreslauf der Gemeinschaft und ihrer einzelnen Mitglieder.

In Tibet gibt es eine Vielzahl an rituellen Handlungen, die den Alltag der Menschen formen: Das morgendliche Rauchopfer, die Umwanderung oder Niederwerfungen an heiligen Orten, der tägliche Besuch im Tempel, Zeremonien der Nonnen und Mönche und vieles mehr.

Die Tibeter führen die Rituale mit dem Körper, der Rede und dem Geist aus. Ebenso wie im Theater gute Darsteller in ihrer Rolle völlig aufgehen, sollen die buddhistischen Praktizierenden in den Ritualen ganz mit den religiösen Inhalten verschmelzen.

The Ritual

The word ritual is derived from the Latin *ritus* and means practice or custom. Rituals are acts of defined content and duration in which the participants play a particular role. Above all, rituals are physical depictions and enactions using speech, gestures and often music, as well as artifacts of particular significance. Rituals have manifold levels of meaning, affecting both individual and social aspects. The practitioner is often unaware of the complete significance and effect of the ritual. Rituals structure time and define the daily and yearly routine of the community and its members.

There are many ritual acts that influence day to day life in Tibet: the early-morning incense offering, prostrations and the circling of sacred places, the daily visit to the temple, the ceremonies of monks and nuns in public or in the monasteries and many more.

Tibetans perform the rituals with body, speech and mind. Just as in the theatre, good actors merge with their roles, Buddhist practitioners should melt into the religious content of the rituals.

Pilgerin beim Rezitieren von Mantras.
A pilgrim woman reciting mantras.

Die Grundelemente der tibetischen Rituale

Die tägliche Praxis des tibetischen Buddhismus ist durch Rituale geprägt. Trotz der großen Anzahl an unterschiedlichen Ritualen, gibt es doch bestimmte Elemente, die allen tibetischen Ritualen zugrunde liegen.

Der tantrische Buddhismus in Tibet ist eine besondere Form des Mahayana-Buddhismus. Die Bezeichnung Mahayana, die „großes Fahrzeug" bedeutet, soll ausdrücken, dass mit dieser Lehre alle fühlenden Wesen zur Befreiung gelangen können. Der Mahayana-Buddhismus basiert auf zwei grundlegenden Elementen: auf der Entwicklung von Liebe und Mitgefühl und der Entwicklung von Weisheit, die im Wesentlichen das Verständnis der Leerheit beinhaltet. Alle Formen der rituellen Praxis im tibetischen Buddhismus sind von diesen beiden Elementen geprägt.

Das erste Element: Bei den Laien und einfachen Pilgern ist das Hauptgewicht der Praxis darauf ausgerichtet, Liebe und

The Basic Elements of Tibetan Rituals

The practice of Tantric Buddhism in Tibet is determined by rituals. Despite the great number of different rituals, there are certain elements that are common to all Tibetan rituals.

Tantric Buddhism in Tibet is a particular form of Mahayana Buddhism. The term Mahayana, meaning "Great Vehicle", is intended to express the fact that, by practising this teaching, all sentient beings can achieve liberation. Mahayana Buddhism is founded on two fundamental elements: the development of love and compassion and the development of wisdom, which is essentially the knowledge of emptiness. All forms of religious practice in Tibetan Buddhism are determined by these two elements.

The first element: for lay people and ordinary pilgrims the primary emphasis of the religious practice is laid on developing love and compassion for all beings and carrying out meritorious deeds in order to purify the mind. In the highly

Mönch der Tantra-Fakultät während einer Feuerpuja, Jokhang, Lhasa.
A monk of the Tantric college during a fire-puja, Jokhang, Lhasa.

Disputationslehrer im Hof von Kloster Sera.
A debating teacher in the courtyard of the Sera Monastery.

Mitgefühl für alle Wesen zu entwickeln und verdienstvolle Handlungen auszuführen, um den Geist zu läutern. Auch in den hochentwickelten tantrischen Ritualen entwickeln die Nonnen und Mönche zu Beginn des Rituals eine Geisteshaltung von Liebe und Mitgefühl. Die Grundmotivation jeden Rituals ist der Wunsch, alle Wesen vom Leiden zu befreien. Liebe und Mitgefühl bleiben nicht nur ein abstrakter Gedanke, sondern werden im Ritual mit körperlichen und sprachlichen Mitteln ausgedrückt und durch Visualisierungen geistig umgesetzt.

Das zweite Element der Rituale ist das Verständnis der Leerheit, die Einsicht, dass alle Phänomene in Abhängigkeit entstehen, ihrem Wesen nach leer sind und keine unabhängige Eigennatur besitzen. Das Verständnis der Leerheit

developed Tantric rituals the monks and nuns also develop a mental attitude of love and compassion at the beginning of the ritual. The basic motivation of any ritual is the desire to liberate all beings from suffering. Love and compassion do not just remain abstract concepts but are expressed in the ritual physically and verbally and are mentally realised through visualisation.

The second element of the ritual is the knowledge of emptiness, the perception that all phenomena arise in dependence, that they are empty by nature and lack any inherent existence. The knowledge of emptiness forms the philosophical foundation of Mahayana Buddhism and should be realised as a meditative experience in the ritual.

bildet die philosophische Grundlage des Mahayana-Buddhismus und soll im Ritual als meditative Erfahrung verwirklicht werden.

Um die Buddhaschaft, d.h. Vollendung des Buddhakörpers, zu erlangen, bedarf es neben der Meditation auf die Leerheit noch der Meditation auf einen göttlichen Körper. In den tantrischen Ritualen wird deshalb die Meditation auf Gottheiten, auch Gottheiten-Yoga genannt, praktiziert. Der Dalai Lama betont, dass ohne Gottheiten-Yoga

Apart from meditation on emptiness, meditation on a divine body is also required in order to attain Buddhahood, i.e. the perfection of the Buddha body. That is why meditation on deities, also called deity yoga, is practised in the Tantric rituals. The Dalai Lama emphasises that without deity yoga no Buddhist Tantra is possible. In deity yoga the practitioners visualise themselves as deities, i.e. Buddhas or bodhisattvas like Avalokiteshvara, the lord of universal compassion, or as the green Tara, the manifestation of enlightened energy with all her efficacy.

Pilger bei Niederwerfungen auf dem Barkhor.
A pilgrim carrying out prostrations on the Barkhor.

kein buddhistischer Tantra möglich ist. Im Gottheiten-Yoga visualisieren sich die Praktizierenden als Gottheiten, d. h. Buddhas oder Bodhisattvas, wie Avalokiteshvara, den Herrn des universellen Mitgefühls, oder als grüne Tara, die Verkörperung der erleuchtenden Energie, mit all ihrer Wirkungskraft.

Der **Gottheiten-Yoga** vollzieht sich in Stufen:

1. Als erstes erkennen die tantrischen Praktizierenden, dass die meditierte Gottheit, ebenso wie sie selbst, keine unabhängige Eigenexistenz besitzt, sondern ihrem wahren Wesen nach Leerheit ist. Sie nehmen sich und die Gottheit als Erscheinungsform der Leerheit wahr.

2. Aus der Leerheit lassen sie in der Meditation den Klang eines für jede Gottheit besonderen Mantras erklingen, z. B. das Mantra *Tam* für die Tara. So erleben sie die Gottheit als Klang.

3. Danach visualisieren sie dieses Mantra im eigenen Herzen in Form von Buchstaben, die auf einer weißen Mondscheibe erscheinen.

4. Aus den Mantra-Buchstaben entsteht dann die Form der Gottheit, wie wir sie von Abbildungen und Malereien kennen. Jetzt nehmen die Praktizierenden ihren eigenen Geist in der Gestalt der Gottheit wahr. Diese visualisierte Gottheit wird auch symbolische Gott-

Deity Yoga is performed in steps:

1. First of all the Tantric practitioners recognise that the meditated deity, just like themselves, possesses no independent existence but is empty by nature. They perceive themselves and the deity as a manifestation of emptiness.

2. Out of the emptiness they let the particular mantra sound for each deity arise, e.g. the mantra *Tam* for Tara. In this way they experience the deity as sound.

3. After this they visualise this mantra within their hearts in the form of letters that appear on a white moon disc.

4. Then the form-deity, as we know it from paintings, evolves out of the mantra letters. Now the practitioners perceive their own mind in the form of the deity. This visualised deity is also called the symbolic deity (in Tibetan: Damtsig sempa, literally: commitment-being).

5. Body, speech and mind of the symbolic deity are now empowered with the syllables *Om Ah Hum*, i.e. they are charged with energy.

6. Into this visualised symbolic deity the wisdom-deity (Tib.: Yeshe sempa) is now invited out of the highest formless Dharma realm, using mantras and symbolic hand gestures (mudras). The knowledge-being now merges into the symbolical deity visualised by the practitioners. The practitioner feels identical to the deity.

Die weiße Tara (Völkerkundemuseum der Universität Zürich) und die grüne Tara.
The white Tara (Ethnographic Museum, University of Zurich) and the green Tara.

heit (Tib.: Damtsig sempa, wörtlich: Verpflichtungswesen) genannt.

5. Körper, Rede und Geist der symbolischen Gottheit werden nun mit den Silben *Om Ah Hum* ermächtigt, d. h. mit Energie aufgeladen.

6. In diese visualisierte symbolische Gottheit, wird nun die Weisheits-Gottheit (Tib.: Yeshe sempa) aus der höchsten formlosen Dharma-Ebene mit Hilfe von Mantras und symbolischen Handgesten (mudra) eingeladen. Das Weisheitswesen verschmilzt nun mit der vom Praktizierenden visualisierten symbolischen Gottheit. Der Praktizierende erlebt sich mit der Gottheit identisch.

7. Die Gottheit wird nun in die Buddhafamilien der fünf Tathagatas eingeweiht. Damit wird die Energie der Gottheit versiegelt, damit sie die Praktizierenden bis zur Erleuchtung nicht mehr verlassen möge.

7. The deity is now initiated into the Buddha-families of the five Tathagatas. The energy of the deity is thus sealed in so that it cannot leave before the practitioners attain enlightenment.

In the ritual, Tantric practitioners create a different level of reality in their minds. They dissolve the concept of their former identity and identity themselves as the deity. Their perception is transformed on all levels. The profane identity of all things is abandoned and their emptiness perceived. In meditation practicitioners let mantras arise out of this emptiness, from which pure divine manifestations such as the ritual objects vajra and bell, the ritual elements of fire or water, the ritual garments and so on evolve. The room in which the ritual takes place is considered to be a Buddha-field.

Die tantrischen Praktizierenden schaffen im Ritual in ihrem Geist eine andere Wirklichkeitsebene. Sie lösen die Vorstellung ihrer alten Identität auf und nehmen die Identität der Gottheit an. Ihre Sichtweise wird auf allen Ebenen umgewandelt. Die profane Identität aller Dinge wird aufgegeben und ihre Leerheit wird gesehen. In der Meditation lassen sie aus dieser Leerheit Mantraklänge erklingen, aus denen reine göttliche Erscheinungsformen wie die Ritualgegenstände Vajra und Glocke, die Ritualelemente Feuer oder Wasser, die Ritualkleidung usw. entstehen. Der Raum, in dem das Ritual stattfindet, wird als Buddhafeld gesehen.

Auf diese Weise wird die tantrische Haltung im Ritual in die Praxis umgesetzt: alle Erscheinungsformen werden als Erscheinungsformen von Gottheiten wahrgenommen, alles Gehörte als Mantra und alle geistigen Erfahrungen als Weisheit der Gottheit.

Diese andere Erfahrungsebene ist nicht der Phantasie des Einzelnen überlassen, sondern ist von der Tradition, d. h. von Buddha und den großen

In this way the Tantric attitude in the ritual is put into practice: all manifestations are perceived as manifestations of deities, everything heard as a mantra and all conscious experience as the wisdom of the deity.

This different level of experience is not just left to the imagination of the individual but is precisely described by tradition, i.e. by Buddha and the great yogis in well-defined steps. Certain visions and pictures have evolved which have proved successful in bringing the mind out of its impure condition and into a state of Buddhahood. The pictures and symbols of the five Tathagatas and their five Buddha-families play an elementary role in this and also form the basis for the structure of this book and the DVD.

Tibetan Buddhism sees the different aspects of life as an expression of Buddha activity. On the accompanying DVD there are film examples of rituals and practices assigned to the symbols and characteristics of the five Tathagatas. This classification is made according to the association of the elements with the

Mönch mit Ritualgegenständen bei einer tantrischen Zeremonie.
A monk with ritual objects during a Tantric ceremony.

Yogis in wohldefinierten Schritten genauestens beschrieben. Es haben sich bestimmte Visionen und Bilder herausgebildet, die sich bewährt haben, um den Geist aus seinem unreinen Zustand zur Buddhaschaft zu bringen. Eine elementare Rolle spielen dabei die Bilder und Symbole der fünf Tathagatas und ihrer fünf Buddhafamilien, die auch die Grundlage für die Gliederung dieses Buches und der DVD bilden.

Der tibetische Buddhismus sieht die verschiedenen Aspekte des Lebens als Ausdruck der Buddha-Aktivität. Auf der beiliegenden DVD sind Filmbeispiele von Ritualen und Praktiken den Symbolen und Eigenschaften der fünf Tathagatas zugeordnet. Diese Zuordnung orientiert sich assoziativ an Elementen der jeweiligen Praxis. Zum Beispiel werden Gebetsmühlen dem Symbol „Rad", Rauchopfer der Sinnesfähigkeit „Geruch" und Musiker der Sinnesfähigkeit des „Hörens" zugeordnet. Niederwerfungen werden dem Symbol „Juwel" zugeordnet, da die „Zuflucht zu den drei Juwelen" praktiziert wird, usw.

Buch und DVD „Farben der Sinne – Gelebte Rituale in Tibet" machen auf systematische Weise damit vertraut, dass im tibetischen Buddhismus alle Erscheinungsformen der äußeren Welt, als Ausdrucksformen des ursprünglichen Buddha-Geistes angesehen werden.

particular practice. For example, prayer wheels are assigned to the symbol "wheel", incense to the sense of "smell" and musicians to the sense of "hearing". Prostrations are assigned to the symbol "jewel" because refuge in the "Three Jewels" is being practised, and so on.

Using a systematic method, the book and DVD "Colours of the Senses – Living Rituals in Tibet" make the user familiar with the fact that, in Tibetan Buddhism, all manifestations of the outside world are perceived as an expression of the original Buddha-mind.

Besonderheiten in der tantrischen Praxis

In den tibetischen Ritualen werden friedliche Gottheiten, wie die Tara, und auch zornvolle Gottheiten, wie Mahakala, der „Schützer der Lehre", angerufen.

Eine Besonderheit der tantrischen Praxis ist die Anwendung von Emotionen, wie Hass und Zorn, die üblicherweise den Geist verdunkeln. Die Emotionen werden als kraftvolle Energie auf dem Weg zur Befreiung eingesetzt. Auch hierbei muss die Grundmotivation von Liebe und Mitgefühl geleitet sein. So richtet sich der Zorn gegen unsere Feinde, wie Egoismus und Verblendung. Diese Methoden sind z. B. bei den Ritualen von Bedeutung, in denen zornvolle Aspekte von Gottheiten im Mittelpunkt stehen.

Peculiarities of Tantric Practice

In Tibetan rituals, peaceful deities like Tara, and wrathful deities like Mahakala the "protector of teaching" are invoked.

A peculiarity of Tantric practice is the use of emotions like hate and wrath that usually darken the spirit. Emotions are employed as powerful energy on the path to liberation. Here, too, the basic motivation must be guided by love and compassion. Thus wrath is turned against our enemies, such as egoism and ignorance. These methods are important in the rituals that focus on the wrathful aspects of deities.

Statue einer zornvollen Schutzgottheit.
A statue of a wrathful protector deity.

Feuer-Rituale

Es gibt vier Arten von Feuer-Ritualen im tibetischen Buddhismus:

1. Ein **befriedendes Feuer-Ritual** wird ausgeführt, um die Ergebnisse schlechter Handlungen aufzulösen und Hindernisse zu beseitigen oder um Schwierigkeiten zu verhindern, die sich durch schlechte Vorzeichen oder Träume angekündigt haben.

2. Ein **vermehrendes Feuer-Ritual** wird ausgeführt, um die Lebensspanne zu verlängern oder Weisheit, geistigen Verdienst oder auch materiellen Reichtum zu vermehren.

Fire-Rituals

There are four types of fire-rituals in Tibetan Buddhism:

1. A **Peaceful Fire-Ritual** is performed in order to erase the results of bad deeds and to remove obstacles or to avoid difficulties that have been foreboded by bad omens or dreams.

2. An **Increasing Fire-Ritual** is performed in order to lengthen life or increase wisdom, spiritual merit or material wealth.

Diese beiden Arten des Feuer-Rituals können die Praktizierenden sowohl für sich selbst, als auch für andere Personen ausführen. Traditionell werden im befriedenden Ritual die Ritualgegenstände weiß gekennzeichnet. Es werden weiße Tischdecken, weiße Stoffe an den Schöpfkellen, usw. verwendet. Die Farbe beim vermehrenden Ritual ist gelb.

3. Ein **unterdrückendes Feuer-Ritual** wird ausgeführt, um Kräfte zu bannen. Diese können Personen oder geistige Einflüsse sein, die anderen Wesen Schaden zufügen.

4. Ein **machtvolles Feuer-Ritual** wird gegen Menschen, Geister usw. ausgeführt, die anderen Lebewesen Schaden zufügen und durch ein unterdrückendes Ritual nicht gebannt werden konnten.

Diese beiden Arten des Feuer-Rituals dürfen nur für andere Menschen, nicht aber für sich selbst, praktiziert werden. Der Ausführende muss Mitgefühl und Liebe sowohl für die vom Schaden betroffenen, als auch für die Schaden verursachenden Wesen entwickeln.

Both these forms of fire-ritual can be performed by practitioners for themselves or for other persons. Traditionally, white ritual objects are used in the peaceful fire-ritual: white tablecloths, white cloths on the ladles and so on. Yellow is the colour of the increasing ritual.

3. A **Subduing Fire-Ritual** is performed in order to subdue powers. These may be persons or spiritual influences that can harm other beings.

4. A **Forceful Fire-Ritual** is performed against people, spirits etc., that harm other beings and that cannot be banished by subduing rituals.

Both these types of fire-ritual may only be used for the good of other people but not for oneself. The practitioner must develop love and compassion for the persons affected by harm and also for those who have caused the harm.

Der Vajra-Meister gießt Butterfett in das Opferfeuer. Das gelbe Tuch weist auf ein vermehrendes Ritual hin. The vajra master pours butter fat into the sacrificial fire. The yellow cloth indicates an increasing ritual.

Die fünf Tathagata-Buddhas, Vairocana (Zentrum), Akshobhya (links unten), Ratnasambhava (links oben), Amitabha (rechts oben) und Amoghasiddhi (rechts unten), bilden ein Mandala. Ausschnitt eines Thangkas, Völkerkundemuseum der Universität Zürich.
The five Tathagata Buddhas, Vairocana (centre), Akshobhya (below left), Ratnasambhava (above left), Amitabha (above right) and Amoghasiddhi (below right), constitute a mandala. Detail of a thangka. Ethnographic Museum, University of Zurich.

Die fünf Tathagatas

Eine Gruppe von fünf Buddhas, die auch die fünf Tathagatas (die So-Gegangenen) oder die fünf Jinas (die Sieger) genannt werden, ist im tibetischen Buddhismus von zentraler Bedeutung. Diese Buddhas sind die Oberhäupter der fünf Buddha-Familien, denen jeweils weitere Gottheiten und Bodhisattvas zugeordnet werden. So ist der Buddha Amitabha der Herr der Lotus-Familie, zu der auch der berühmte Bodhisattva Avalokiteshvara gehört.

Im tantrische Buddhismus soll der Mensch sich darin üben, alle Erscheinungsformen als Körper des Buddha zu sehen. Aus dem einen ewigen Urgrund des Adi-Buddhas (Ur-Buddha), der gestaltlose Leerheit ist, haben sich die fünf Tathagatas vermittels ihrer Keim-Mantras, ihrer Ur-Klänge, verkörpert. Die fünf Tathagatas symbolisieren die fünf Elemente Erde, Wasser, Feuer, Luft und Raum, die Grundlage aller Erscheinungen im Universum. Sie stehen ebenso für die fünf Daseinsgruppen (Sanskrit: skandhas) Körper, Empfindung, Wahrnehmung, Gestaltungskraft und Bewußtsein, die den Menschen konstituieren, wie für die fünf Sinnesfähigkeiten Hören, Tasten, Sehen, Geschmack und Riechen. Sie bilden ein Mandala und ihr

The Five Tathagatas

A group of five Buddhas, the five Tathagatas (thus-gone-ones) also known as the five Jinas (victors) is of crucial importance in Tibetan Buddhism. These Buddhas are the heads of the five Buddha families, to which further deities and bodhisattvas are related. Thus the Buddha Amitabha is the head of the Lotus family, to which the famous bodhisattva Avalokiteshvara also belongs.

In Tantric Buddhism the person should practise seeing all manifestations as the body of Buddha. Out of the eternal original source of the Adi-Buddha (primordial Buddha) who is formless emptiness, the five Tathagatas incarnated by means of their seed syllables, their original sounds. The five Tathagatas symbolise the five elements earth, water, fire, air and space, being the basis for all manifestations within the universe. They also represent five groups of existence (Sanskrit: skandhas) – body, feeling, perception, creativity and consciousness – that constitute the human being, and also the five senses: hearing, touch, sight, taste and smell. They form a mandala and each of their positions within the mandala is assigned to a colour. Blue stands for the east, yellow for the south, red for the west, green for the north and jeweiliger Platz darin ist einer Farbe zugeordnet. Blau steht für die Himmelsrichtung Osten, Gelb für den Süden, Rot für den Westen, Grün für den Norden und Weiß ist die Farbe des Zentrums. Das Mandala symbolisiert das gesamte Universum in seiner ursprünglichen Reinheit.

Die gesamte materielle und geistige Welt, werden als ein reines Buddha-Feld und der Mensch und alle Erscheinungsformen in dieser Welt als Ausdruck des ursprünglichen ersten Buddhas angesehen. Nur die Verdunklungen des Geistes lassen in dieser Welt Haß, Krieg, Leiden, Angst usw. entstehen. So verkörpern die fünf Tathagatas auch die fünf Gruppen der Geistesgifte Verblendung, Haß, Egoismus/Stolz, Begierde und Neid/Eifersucht und ihre Umwandlung in ursprüngliche Weisheit.

Die gesamte tantrische Praxis, vom Ritual bis zur Meditation, hat zum Ziel, die negativen Geistesfaktoren in ihre ursprüngliche Weisheit umzuwandeln. Die Tibeter sagen: Gift soll in Medizin verwandelt werden.

white is the colour of the centre. The mandala symbolises the whole universe in its original state of purity.

The whole spiritual and material world is considered a pure Buddha-field and human beings and all manifestations of this world are perceived as an expression of the primaeval Buddha. Only the clouding of the mind allows hate, war, suffering and fear to evolve. Thus the five Tathagatas also represent the five groups of mental poisons; ignorance, hate, egoism/pride, desire and envy/jealousy and their transformation into original wisdom.

The complete Tantric practise, from the ritual to meditation, is aimed at changing the negative factors of mind into their original wisdom. Tibetans say: poison should be transformed into medicine.

Mönch mit der Fünf-Tathagata-Krone beim Ritual.
A monk wearing the Five Tathagata Crown during a ritual.

Die Tathagata-Buddhas The Tathagata Buddhas	**Vairocana** Der Strahlende The Illuminator	**Akshobhya** Der Unerschütterliche The Imperturbable
Farbe Colour		
Platz im Mandala Position in the Mandala	Zentrum Centre	Osten East
Geste Gesture	Lehren / Drehen des Rades der Lehre Teaching / Turning the Wheel of Doctrine	Erdberührung Touching the Earth
Weisheit, Tugend Wisdom, Virtue	Universelle Weisheit des Dharma Universal Wisdom of the Dharma	Spiegelgleiche Weisheit Mirror-like Wisdom
Geistesgift Mental Poison	Verblendung Ignorance	Hass Hatred
Element Element	Raum / Äther Space / Aether	Wasser Water
Symbol Symbol	Cakra / Rad der Lehre Cakra / Wheel of Doctrine	Vajra / Diamantzepter Vajra / Diamond Sceptre
Sinnesfähigkeit Sense	Hören Sound	Tasten Touch
Daseinsgruppe Group of Existence	Bewusstsein Consciousness	Körper Body

Ratnasambhava Der Juwelen Geborene The Jewel Born	**Amitabha** Das unermessliche Licht The Infinite Light	**Amoghasiddhi** Der unfehlbare Erfolg The Infallible Success
Süden South	Westen West	Norden North
Gunstgewährung Granting Favours	Meditation Meditation	Ermutigung / Furchtabwehr Encouragement / Protection
Weisheit der Gleichheit aller Wesen Wisdom of the Equality of all Beings	Weisheit der unterscheidenden Klarsicht Wisdom of Discriminating Clarity	Alles vollendende Weisheit All-perfecting Wisdom
Egoismus und Stolz Egoism and Pride	Begierde Desire	Neid und Eifersucht Envy and Jealousy
Erde Earth	Feuer Fire	Luft Air
Ratna / Juwel Ratna/ Jewel	Padma / Lotusblüte Padma / Lotus Flower	Visvavajra / Doppelvajra Visvavajra / Crossed Vajra
Sehen Sight	Geschmack Taste	Riechen Smell
Empfindung Feeling	Wahrnehmung Perception	Gestaltungskraft Compositional Action

Der Buddha Vairocana

Der Buddha Vairocana (tib.: Nampar Nangdzä), der Strahlende oder der Erleuchtende, hat die Silbe *Om* als Keim-Mantra, aus der er sich verkörpert. Seine Körperfarbe ist weiß, der Ursprung aller Farben. Das Rad der Lehre ist sein Attribut und er ist Oberhaupt der Cakra-Buddha-Familie. Seine Handgeste (Sanskrit: mudra) versinnbildlicht das Lehren. Dies wird im Altindischen als Drehen des Rades der Lehre bezeichnet. Vairocana verkörpert das Element Raum und von den Daseinsgruppen verkörpert er das Bewußtsein. Sein Platz im Mandala ist in den meisten Tantras und im tibetischen Totenbuch das Zentrum, als Weltenmitte. Eine Ausnahme bilden die Höchsten Yogatantras, dort tauscht er den Platz mit dem Buddha Akshobhya im Osten. Vairocana verwandelt die Verblendung in die universelle Weisheit der Gesetzmäßigkeit des Dharmas.

The Buddha Vairocana

Buddha Vairocana (Tib.: Nampar Nangdzä), the "Illuminator" has the syllable *Om* as seed syllable out of which he emanates. The colour of his body is white, the origin of all colours. The Wheel of Doctrine is his attribute and he is the head of the Cakra-Buddha family. The gesture of his hand (mudra) represents teaching and is referred to in the ancient Indian language as turning the Wheel of Doctrine. Vairocana personifies the element of space and in the groups of existence he personifies consciousness. In most Tantras and in the Tibetan "Book of Death" his position is at the centre of the mandala, the centre of the universe. An exception is the Highest Yoga Tantras where he changes places with Buddha Akshobhya in the east. Vairocana transforms ignorance into the universal wisdom of the rightness of the Dharma.

Die Handhaltung des abgebildeten Buddha Vairocana weicht von der üblichen Geste des Lehrens ab, bei der die Hände in Brusthöhe das Drehen des Rades der Lehre darstellen.

In this image of Buddha Vairocana the hand gesture differs from the traditional one of teaching, in which the hands are at chest height and represent turning the Wheel of Doctrine.

Die Darstellung des Rades der Lehre findet sich über dem Eingang von tibetischen Tempeln und Klöstern. The depiction of the Wheel of Doctrine is to be found above the entrances of Tibetan temples and monasteries.

Die Geste „Lehren"

Der Buddha Vairocana führt die Geste des Drehens des Rades der Lehre aus. Ursprünglich ist diese Geste dem historischen Buddha Shakyamuni zugeordnet. Sie kennzeichnet den Buddha als Lehrer. Die Geste steht für die erste Lehrrede des Buddha im Gazellenhain von Sarnath bei Varanasi. Der Buddha lehrte dort die Vier Edlen Wahrheiten, die Grundlage des Buddhismus. Als Erinnerung an diese Handlung des Buddha Shakyamuni wird auf den Tempeldächern das Rad der Lehre von zwei Gazellen flankiert. Die Handgeste zeigt, dass der Buddha Vairocana das Lehren des Dharma verkörpert.

The Gesture "Teaching"

The hand gesture of Buddha Vairocana is the gesture of turning the Wheel of Doctrine. Originally this gesture was attributed to the historical Buddha Shakyamuni. It characterises Buddha as a teacher. The gesture represents Buddha's first teaching sermon in the gazelle grove of Sarnath near Varanasi, where Buddha taught the Four Noble Truths, the foundation of Buddhism. On temple roofs the Wheel of Doctrine is flanked by two gazelles in remembrance of this deed of Buddha Shakyamuni. The hand gesture shows that Buddha Vairocana embodies the teaching of the Dharma.

Das Geistesgift „Verblendung"

Die Verblendung ist die Grundlage für alle anderen geistigen Verdunklungen. Verblendung bedeutet das Nichtwissen um die Leerheit als die Natur aller Dinge. Verblendung ist das Nichterkennen der ureigenen Buddha-Natur. Dies wird in Tibet häufig mit dem Beispiel eines Bettlers erklärt, der einen wertvollen Edelstein in der Hand hat und weil er seinen Wert nicht kennt, diesen wegwirft. Der Buddha Vairocana verwandelt diese Verblendung in Weis-

The Mental Poison "Ignorance"

Ignorance is the basis for all other mental suffering. Ignorance is the ignorance of emptiness as the nature of all things. Ignorance is the lack of recognition of one's very own Buddha-nature. In Tibet this is often illustrated with the example of a beggar who throws away a precious stone that he holds in his hand because he does not recognise its value. Buddha Vairocana transforms this ignorance into wisdom. He shows us the empty nature of ignorance, transforming

Temperamentvolle Debatte im Kloster Sera.
A heated debate in the Sera Monastery.

heit. Er zeigt uns die leere Natur der Verblendung und so verwandelt sie sich in die uns urprünglich eingeborene universelle Weisheit des Dharmas, welches ihr natürlicher Zustand in einem unverblendeten Geist ist.

Das Element „Raum"

Der Buddha Vairocana verkörpert das Element Raum. Der Raum ist das grundlegende Element im Universum. Keine Erscheinungsform kann ohne den Raum existieren. Die Natur des Raumes ist seine Leere und deshalb kann der Raum alle anderen Elemente enthalten. Aber die anderen Elemente sind auf die Anwesenheit des Raumes angewiesen, um existieren zu können. Die unendliche Weite und Offenheit des Raumes korrespondieren mit der unendlichen Weite und Offenheit des Bewußtseins.

it into the original innate universal wisdom of the Dharma, whose natural condition is that of an unclouded spirit.

The Element "Space"

Buddha Vairocana personifies the element of space. Space is the fundamental element in the universe. No manifestation can exist without space. The nature of space is emptiness and that is why space can contain all the other elements. But the existence of the other elements is dependent upon the presence of space. The endless vastness and openness of space correspond with the endless vastness and openness of awareness.

Am Ufer des Nam Tso, dem „Himmel See", Zentraltibet.
On the shore of the Nam Tso "Sky Lake", central Tibet.

Das Symbol „Rad der Lehre"

Der Buddha Vairocana hat das Rad der Lehre als sein Attribut. Es zeigt, dass er die Buddha-Aktivität des Lehrens verkörpert.

Das Rad ist ein uraltes indisches Symbol für die Sonne, für Schöpfung und Herrschaft. Das Rad der Lehre ist im Buddhismus ein Symbol für die Lehren des Buddha. Die Lehren des Buddha sind wie ein Rad, ohne Anfang und Ende, sie überwinden alle Hindernisse und sie stehen für Bewegung und Umwandlung.

The Symbol "Wheel of Doctrine"

The attribute of Buddha Vairocana is the Wheel of Doctrine, which shows that he personifies the Buddha activity of teaching.

The wheel is an ancient Indian symbol for the sun, for creation and supremacy. In Buddhism the Wheel of Doctrine is a symbol for the teachings of Buddha. The teachings of Buddha are, like a wheel, without beginning or end: they overcome all obstacles and represent movement and transformation.

Pilger mit Gebetsmühle auf dem Vorplatz des Jokhang.
A pilgrim carrying a prayer-wheel in the forecourt of the Jokhang Temple.

Das Rad der Lehre über dem Haupteingang des Jokhang-Tempels.
The Wheel of Doctrine above the main entrance to the Jokhang Temple.

Die Sinnesfähigkeit „Hören"

Der Klang ist das erste Phänomen, das aus der Leerheit aufsteigt. Aus dem Klang des Keim-Mantras *Om* hat sich der Buddha Vairocana verkörpert.

Im Tantra sollen wir alle Laute als Mantras, als heilige Worte, hören. Dies ist das allgemeine Ziel jeder tantrischen Rezitationspraxis. Buddha Vairocana steht für die Umwandlung des Elementes Klang in die urprüngliche Reinheit eines Mantras und die Weisheitsnatur der Rede. Wir sollen erkennen, dass alle Klänge aus der Leerheit aufsteigen und vielfältige Erscheinungsformen der Rede des Buddhas sind, dann wird das Hören ein Mittel auf dem Weg zur Befreiung.

The Sense "Sound"

Sound is the first phenomenon to arise out of emptiness. Buddha Vairocana emanates out of the sound of the seed syllable *Om*.

In the Tantra we are supposed to hear all sounds as mantras, as sacred words. This is the general objective of all Tantric recitation. Buddha Vairocana stands for the transformation of the element sound into the original purity of a mantra and the wise nature of speech. If we recognise that all sounds arise out of emptiness and are diverse manifestations of the speech of Buddha, then hearing will become an instrument on the path of liberation.

Der Buddha Akshobhya

Der Buddha Akshobhya (tib.: Mikyöpa), der Unerschütterliche, hat die Silbe *Hum* als Keim-Mantra, aus dem er sich verkörpert. Seine Körperfarbe ist Blau. Er hält in der linken Hand einen Vajra (Diamantzepter) und mit seiner rechten Hand führt er die Erdberührungsgeste aus. Der Vajra und die Erdberührung symbolisieren beide die Unerschütterlichkeit des erleuchteten Geistes. Akshobhya ist der Herr der Vajra-Buddha-Familie. Er verkörpert das Element Wasser und bei den Daseinsgruppen steht er für den Körper. Sein Platz im Mandala ist der Osten. Er verwandelt Wut und Haß in spiegelgleiche Weisheit.

Die Geste „Erdberührung"

Der Buddha Akshobhya berührt mit den Fingerspitzen seiner rechten Hand die Erde und ruft diese zur Zeugin für seine Unerschütterlichkeit an. Auch die Symbolik dieser Handgeste bezieht sich auf das Leben des Buddha Shakyamuni. Während er unter dem Bodhibaum saß, nahe der Erleuchtung, leisteten die negativen Geistesfaktoren, personifiziert in der Gestalt des bösen Mara, einen letzten verzweifelten Widerstand. Mara offerierte dem Buddha Reichtum, Frauen, Ruhm und Macht, er schickte

The Buddha Akshobhya

Buddha Akshobhya (Tib.: Mikyöpa), the "Imperturbable", has the syllable *Hum* as seed syllable from which he emanates. The colour of his body is blue. He holds a vajra (diamond sceptre) in his left hand and his right hand executes the gesture of touching the earth.
The vajra and touching the earth both symbolise the imperturbability of the enlightened spirit. He is the lord of the Vajra-Buddha family. Akshobhya personifies the element of water and represents the body within the existence groups. His position in the mandala is the east. He transforms anger and hate into mirror-like wisdom.

The Gesture "Touching the Earth"

Buddha Akshobhya touches the earth with the fingers of his right hand, invoking it to be witness to his imperturbability. The symbolism of this hand gesture also dates back to the lifetime of Buddha Shakyamuni. While he was sitting under the bodhi tree approaching enlightenment, the negative factors of mind, personified in the form of the evil Mara, offered final and desperate resistance. Mara offered Buddha riches, women, fame and power; he sent all his demons onto the battlefield to generate doubt, fear and despair. Buddha

Statue des Mahakala mit dem dritten Auge der Weisheit.
Statue of the Mahakala with the third eye of wisdom.

alle seine Dämonen ins Feld, um Zweifel, Furcht und Verzagen zu erzeugen. Buddha Shakyamuni blieb unerschütterlich. Er berührte die Erde mit der rechten Hand und rief sie zur Zeugin seiner Vollkommenheiten an.

Das Geistesgift „Hass"

Hass erscheint in unserem Geist als zerstörerische Kraft, die unser Gewahrsam verdunkelt und uns und anderen viel Leid bringt. Der Buddhismus lehrt, diesem Hass nicht nachzugeben, sondern in seine wahre Natur zu schauen. Der Buddha Akshobhya läßt uns die leere Natur des Hasses erkennen, wodurch er seine zerstörerische Wirkung verliert und sich in die spiegelgleiche Weisheit verwandelt. Die spiegelgleiche Weisheit, ist ein Spiegel, in dem alle Wesen als unser eigenes Spiegelbild erscheinen. Dies lässt Mitgefühl in unserem Geist entstehen.

Shakyamuni remained imperturbable and invoked the earth to witness his perfection.

The Mental Poison "Hatred"

Hate develops in our minds as a destructive power which clouds our awareness and brings us and others much suffering. Buddhism teaches us not to give in to this hate but to realise its true nature. Buddha Akshobhya shows us the empty nature of hate, how it loses its destructive effects and is transformed into mirror-like wisdom. Mirror-like wisdom is a mirror in which all beings appear as the reflection of ourselves. This allows compassion to develop in our mind.

The Element "Water"

Buddha Akshobhya personifies the element of water. The element of water represents everything that is fluid in

Das Element „Wasser"

Der Buddha Akshobhya verkörpert das Element Wasser. Das Wasser steht als Element für alles Flüssige in der belebten und unbelebten Natur. Reines Wasser hat acht Qualitäten, es ist klar, kühl, heilsam, wohltuend, geruchlos, schmackhaft, leicht und weich. In den Ritualen ist das Wasser das Element der Reinigung, das die Befleckungen des Geistes abwaschen soll. Der tantrische Buddhismus lehrt, über die oberflächliche und profane Betrachtung des

animate and inanimate nature. Pure water has eight qualities, it is clear, cool, healing, soothing, odourless, tasty, light and soft. In rituals, water is an important element of cleansing with which spiritual stains are symbolically washed away. In Tantric Buddhism we should look beyond the superficial and worldly view of the element of water and perceive everything that is fluid as the personification of Buddha Akshobhya.

Mönche des Klosters Tsurphu beim Waschen der Roben.
Monks of the Tsurphu Monastery washing their robes.

Elementes Wasser hinauszugehen und alles Flüssige als Erscheinungsform des Buddhas Akshobhya zu betrachten.

Das Symbol „Vajra"

Die Grundbedeutung des Wortes Vajra (tib.: Dorje) ist „Diamant". Der Diamant ist das härteste Material und steht für die Unzerstörbarkeit. Der Vajra ist das Symbol des tantrischen Buddhismus, der auch Vajrayana (Diamant-Fahrzeug) genannt wird. Er symbolisiert die Unzerstörbarkeit des erleuchteten Geistes, der Buddhaschaft. Der Buddha Akshobhya, der Unerschütterliche, trägt den Vajra als sein Attribut. In Verbindung mit der Glocke symbolisiert der Vajra das männliche Prinzip, die Methode, d. h. das Mitgefühl.

Auch der Adi-Buddha (Ur-Buddha), aus dem die fünf Tathagatas hervorgehen, ist mit dem Symbol des Vajra verbunden. Er trägt den Namen Vajradhara, Träger des Vajra. Er symbolisiert den unzerstörbaren, allumfassenden geistigen Urgrund, dessen Natur die Leerheit ist.

Die Sinnesfähigkeit „Tasten"

In unserem dualistischen Geist unterscheiden wir die Objekte der Tastempfindung als angenehm oder unangenehm. Dies führt zu Anhaftung oder Abneigung und läßt uns immer wieder leidvolle Erfahrungen machen. Anstatt

The Symbol "Vajra"

The basic meaning of the word vajra (Tib.: Dorje) is diamond. The diamond is the hardest material and symbolises indestructibility. The vajra is the symbol of Tantric Buddhism which is also known as Vajrayana (diamond vehicle). The vajra symbolises the indestructibility of the enlightened mind, the Buddhahood. Buddha Akshobhya, the imperturbable, carries the vajra as his attribute. In conjunction with the bell, the vajra symbolises the male principle, the method of compassion.

The symbol of the vajra is also connected with the Adi-Buddha (primordial Buddha), the origin of the five Tathagatas. He is called Vajradhara, the holder of the vajra. He symbolises the indestructible, all-embracing spiritual source whose nature is emptiness.

The Sense "Touch"

In our dualistic mind we differentiate the objects of the sense of touch as pleasant or unpleasant. This leads to attachment or aversion and is constantly the cause of suffering. Instead of renouncing all pleasures in life, Tantric Buddhism teaches us to realise the empty nature of all things and to perceive all touch sensations as undifferentiated, as an illusion, just like the reflection of the allen Sinnesfreuden zu entsagen, lehrt der tantrische Buddhismus, die leere Natur aller Dinge zu realisieren und so alle Tastempfindungen ohne Unterscheidung als illusorische Phänomene zu erkennen, wie die Spiegelung des Mondes im Wasser. Dann können die Sinneswahrnehmungen dazu dienen, die Verwirklichung zu fördern. Akshobhya verkörpert diese reine Form des Tastens.

moon in water. Only then can sensory perception serve to encourage realisation. This pure form of touch is personified by Akshobhya.

Mönche aus dem Ramoche Tempel mit Vajra und Glocke bei einer Zeremonie im Innenhof des Jokhang Tempels. Monks of the Ramoche Temple with vajra and bell during a ceremony in the courtyard of the Jokhang Temple.

Der Buddha Ratnasambhava

Der Buddha Ratnasambhava (tib.: Rinchen Djungden), der Juwelen Geborene, hat die Silbe *Tram* als Keim-Mantra aus dem er sich verkörpert. Seine Körperfarbe ist Gelb. Wie schon der Name sagt, ist der Juwel (Sanskrit: ratna) sein Attribut. Er ist das Oberhaupt der Ratna-Buddha-Familie. Seine Handgeste symbolisiert die Gunstgewährung. Ratnasambhava verkörpert das Element Erde und bei den Daseinsgruppen steht er für die Empfindung. Sein Platz im Mandala ist der Süden, wo die Sonne ihren Mittagsstand hat. Der Buddha Ratnasambhava verwandelt Egoismus und Stolz in die Weisheit der Gleichheit aller Wesen.

Die Geste „Gewährung"

Der Buddha Ratnasambhava macht mit der rechten Hand die Geste der Gunstgewährung. Diese Geste symbolisiert die Buddha-Aktivität der Freigiebigkeit. Ratnasambhava praktiziert vierfaches Geben. Er gibt: materielle Hilfe, Schutz vor Furcht, Belehrung und Liebe. Das Geben ist die erste der sechs Vollkommenheiten, die auf dem Weg zur Buddhaschaft praktiziert werden sollen.

The Buddha Ratnasambhava

Buddha Ratnasambhava (Tib.: Rinchen Djungden), the "Jewel Born", has the syllable *Tram* as seed syllable from which he emanates. The colour of his body is yellow. The jewel (Sanskrit: ratna) is his attribute as his name suggests. He is the head of the Ratna-Buddha family. His hand gesture symbolises the granting of favours. Ratnasambhava embodies the element of earth and in the groups of existence he represents feeling. His position in the mandala is the south where the sun is in its meridian. Buddha Ratnasambhava transforms egoism and pride into the wisdom of the equality of all beings.

The Gesture "Granting"

With his right hand Buddha Ratnasambhava makes the gesture of granting favours. This gesture symbolises the Buddha activity of generosity. Ratnasambhava practices four kinds of generosity: material help, protection from fear, instruction and love. Giving is the first of the six perfections that are to be practised on the way to Buddhahood.

Die Geistesgifte „Egoismus und Stolz"

Ichsucht und Stolz sind große Hindernisse für die rechte Erkenntnis. Wir halten uns für besser als die anderen Wesen. Durch Stolz und Eitelkeit werden wir blind für die wahren Qualitäten in uns. Der Buddha Ratnasambhava läßt uns erkennen, dass unser Stolz eine Eigenschaft des haftenden Geistes ist und nichts mit dem zu tun hat, auf das wir glauben stolz zu sein. Dies löst Ichhaftigkeit und Stolz auf und verwandelt sie in die Weisheit der Gleichheit aller

The Mental Poisons "Egoism and Pride"

Egoism and pride are great impediments to true knowledge. We consider ourselves superior to other beings. Through pride and vanity we become blind to the true qualities within us. Buddha Ratnasambhava brings us to the perception that our pride is a characteristic of the attached intellect and has nothing to do with the things of which we believe ourselves to be proud. This dissolves egoism and pride and transforms them into the wisdom of the

Chöd-Praktizierender vor den Toren von Kloster Sera.
Chöd practitioner in front of the Sera Monastery.

Herstellung von Manisteinen unter freiem Himmel am Chakpori.
The production of mani stones in the open air at the foot of the Chakpori.

Wesen. Wenn wir alle Wesen als gleich erkennen, wird Liebe und Mitgefühl für alle Wesen spontan entstehen.

equality of all beings. When we recognise that all beings are equal, love and compassion will evolve spontaneously.

Das Element „Erde"

Der Buddha Ratnasambhava verkörpert das Element Erde. Er symbolisiert die Erde, die alle Wesen, gleich, ohne Unterschied, trägt und ernährt. Das Element Erde steht für alles Feste. Es ist traditionell von gelber Farbe und wird in seiner reinsten Form als Gold gesehen. Ratnasambhava soll uns helfen, eine Sichtweise zu entwickeln, die Erde, also alles Feste und Solide, als Erscheinungsform des Buddha-Geistes zu sehen.

The Element "Earth"

Buddha Ratnasambhava personifies the element of the earth. He symbolises the earth that supports and feeds all beings without any differentiation. The element earth represents everything that is solid. Traditionally its colour is yellow, and gold is considered its purest form. Ratnasambhava is meant to help us develop a way of looking at things so that we see the earth, everything that is solid, as a manifestation of the Buddha-mind.

Pilger mit Lederschürze und Holzhandschuhen umrundet den Jokhang-Tempel mit Niederwerfungen. A pilgrim wearing leather apron and wooden hand protection makes a prostration circuit of the Jokhang Temple.

Das Symbol „Juwel"

Das besondere Kennzeichen des Buddha Ratnasambhava ist der Juwel. Der Juwel ist eine große Kostbarkeit. Die größte Kostbarkeit aber sind Juwelen, die nicht nur weltlichen Reichtum schenken, sondern die Wesen aus ihrer leidvollen Existenz befreien können. Deshalb werden im Buddhismus der Buddha, der Dharma (die Lehre) und der Sangha (die Gemeinschaft) als die drei Juwelen (Sanskrit: triratna) bezeichnet.

In vielen tantrischen Meditationen wird die Opfergabe von Juwelen und anderen kostbaren Steinen visualisiert, um die große Verehrung auszudrücken und einen Geist von Freigiebigkeit und Nichtanhaften zu entwickeln.

The Symbol "Jewel"

The particular distinguishing mark of Buddha Ratnasambhava is the jewel. The jewel is extremely precious. Particularly precious, however, are not the jewels that signify worldly riches, but those that can liberate living beings from their pitiful existence. This is why, in Buddhism, the Buddha, the Dharma (the doctrine) and the Sangha (the community) are regarded as the Three Jewels (Sanskrit: triratna).

In many forms of Tantric meditation offerings of jewels and other precious stones are visualised in order to stress great devotion and to develop a spirit of generosity and non-attachment.

Pilgerinnen bereiten sich auf die Niederwerfungen vor. Women pilgrims preparing themselves for prostrations.

Maskentänzer bei einer farbenprächtigen Opernaufführung.
Masked dancers during a colourful opera performance.

Die Sinnesfähigkeit „Sehen"

Über unsere Sinne nehmen wir die Welt der Phänomene wahr. Die besondere Funktion des Sehens innerhalb der Sinne ist es, Formen wahrzunehmen. Der haftende Geist teilt diese Sinneseindrücke in schön oder häßlich usw. ein und es entsteht eine verzerrte Wahrnehmung. Im tantrischen Buddhismus sollen wir uns darin üben, alle Erscheinungen als reines Buddha-Land und alle Wesen als Buddhas und Bodhisattvas zu sehen. Dies macht es möglich, die Qualitäten des Buddhas in uns zu verwirklichen. Ratnasambhava verkörpert diese reine Form des Sehens.

The Sense "Sight"

We perceive the world of phenomena through our senses. Among the senses, the special function of sight is to allow us to perceive shapes. The attached mind divides these impressions into beautiful, ugly and so on, which causes distorted perception. In Tantric Buddhism we are meant to practise seeing all manifestations as pure Buddha-Land and all beings as Buddhas and bodhisattvas. This makes it possible to realise the qualities of Buddha within ourselves. This pure form of vision is personified by Ratnasambhava.

Mädchen im Kostüm einer Dakini während einer tibetischen Oper im Innenhof des Klosters Kundeling. Girl wearing a Dakini costume during a Tibetan opera in the courtyard of the Kundeling Monastery.

Der Buddha Amitabha

Der Buddha Amitabha (tib.: Nangwa Thayä), das unermeßliche Licht, hat die Silbe *Hri* als Keim-Mantra, aus dem er sich verkörpert. Er erscheint in roter Farbe, wie die untergehende Sonne und das Element Feuer, das ihm zugeordnet ist. Bei den Daseinsgruppen vertritt er die Wahrnehmung. Seine Hände ruhen in seinem Schoß. Amitabha ist der Buddha des Westens und der Herr der Lotus-Buddha-Familie. Wesen, die in seinem Reinen Land Sukhavati wiedergeboren werden, sind in einem geistigen Bereich, aus dem sie nicht mehr in niedere Existenzbereiche herabfallen und erlangen in ihrer nächsten Existenz Erleuchtung. Der Buddha Amitabha verwandelt Begierde in die Weisheit der unterscheidenden Klarsicht.

The Buddha Amitabha

Buddha Amitabha (Tib.: Nangwa Thayä), the "Infinite Light", has the syllable *Hri* as seed syllable from which he emanates. He appears in red, like the setting sun and the element of fire which are attributed to him. Within the groups of existence he represents perception. His hands rest in his lap. Amitabha is the Buddha of the west and the head of the Lotus-Buddha family. Beings who are reborn in his Pure Land Sukhavati, are on a spiritual level from which they can no longer fall into lower realms of existence and in their next life they will attain enlightenment. Buddha Amitabha transforms desire into the wisdom of discriminating clarity.

Meditative Praxis auf dem Lingkhor hinter dem Potala-Palast.
Meditation practice on the Lingkhor behind the Potala Palace.

Die Geste „Meditation"

Die Hände des Buddhas Amitabha liegen ineinander in seinem Schoß in der Geste der Meditation. Diese Geste veranschaulicht die geistige Sammlung eines Buddha. Sie macht Amitabha ebenso wie den Buddha Shakyamuni, der häufig mit dieser Geste dargestellt wird, zu einem Modell für alle Meditierenden. Das Geistestraining der Meditation ist im Buddhismus der Weg zur Befreiung. Buddha Amitabha verkörpert sowohl die Methode der Meditation, als auch das Ziel der Befreiung.

Das Geistesgift „Begierde"

Die Begierde wird von der Illusion gespeist, dass durch Besitz und Macht Glück erlangt werden könne. Die alltägliche Erfahrung zeigt, dass dies nicht funktioniert. Trotz der vielen Beispiele und Erfahrungen, die zeigen, dass weder

The Gesture "Meditation"

The hands of Buddha Amitabha lie folded together in his lap in the gesture of meditation. This gesture illustrates the unwavering mind of a Buddha. Like Buddha Shakyamuni, who is often portrayed with this gesture, Amitabha serves as a model for people meditating. In Buddhism, the training of meditation is the path to liberation. Buddha Amitabha personifies both meditation as a method and liberation as an objective.

The Mental Poison "Desire"

Desire feeds off the illusion that happiness can be attained through property and power. Everyday experience shows that this does not work. Despite many examples and much experience that prove that neither property nor power guarantee a happy life,

Besitz noch Macht ein Garant für ein glückliches Leben sind, ist die gewohnheitsmäßige Tendenz, danach zu streben groß. Wenn der Geist geübt wird, der Begierde nicht nachzugeben, sondern den begehrenden Geist voller Achtsamkeit und ohne Anhaften wahrzunehmen, dann verwandelt sich die Begierde in die Weisheit der unterscheidenden Klarsicht und die äußeren Objekte verlieren ihre Macht. Diese Umwandlung verkörpert der Buddha Amitabha.

Das Element „Feuer"

Der Buddha Amitabha verkörpert das Element Feuer. Das Feuer steht für physische Hitze und Licht, aber auch für die Qualität der Umwandlung und der Verschmelzung. Feuer ist auf der geistigen Ebene die Kraft der Reinigung. Buddha Amitabha soll uns helfen, die profane

the habitual tendency to strive after both is still great. Only when the mind is trained to resist desire and to acknowledge the desiring mind with great caution and without attachment, is desire transformed into the wisdom of discriminating clarity and external objects lose their power. Buddha Amitabha personifies this transformation.

The Element "Fire"

Buddha Amitabha embodies the element of fire which represents heat and light and also the quality of transformation and fusion. On the mental level, fire is the power of cleansing. Buddha Amitabha helps us to transcend our profane conception of the element of fire, to see everything fiery and light as a manifestation of the Buddha-nature.

Der Vajra-Meister gibt Opfergaben ins Feuer.
The vajra master throws sacrificial offerings into the fire.

Sichtweise des Elementes Feuer zu transzendieren und alles Feurige und Lichte als Ausdruck der Buddha-Natur zu sehen.

Das Symbol „Lotusblüte"

Die Lotusblüte ist ein altes indisches Symbol der völligen Reinheit. Der Lotus wächst aus dem schlammigen Grund der Gewässer und entfaltet davon unbeschadet eine reine Blüte. Ebenso erscheint der Buddha in dieser Welt, ist aber von Befleckungen dieser Welt frei. Wer im Reinen Land des Buddha Amitabha wiedergeboren wird, der wird in einer Lotusblüte geboren. Auch der große tantrische Lehrer Padmasambhava, der den Buddhismus nach Tibet gebracht hat, ist nach der Legende im Land Uddiyana in einem Lotus geboren.

The Symbol "Lotus Flower"

The lotus flower is an ancient Indian symbol of complete purity. The lotus grows in murky waters and blossoms unsoiled into a pure flower. In the same way, Buddha appears in this world but remains free from the stains of the world. Those who are reborn in the Pure Land of Buddha Amitabha will be born in a lotus flower. According to legend, the great Tantric teacher Padmasambhava, who brought Buddhism to Tibet, was also born in a lotus flower in the land of Uddiyana. Buddhas and bodhisattvas are depicted sitting on a lotus throne in order to symbolise their purity.

Buddhas und Bodhisattvas werden auf einem Lotusthron dargestellt, um ihre Reinheit zu symbolisieren.

Die Sinnesfähigkeit „Geschmack"

Der Geschmackssinn nimmt die verschiedenen Qualitäten wie süß, sauer, salzig, bitter, scharf usw. wahr. Der haftende Geist teilt diese reine Wahrnehmung in angenehm, unangenehm und neutral ein. Wenn wir diese Wertung loslassen und erkennen, dass diese Eigenschaften ohne wirkliche Eigenexistenz sind und ihrer wahren Natur nach leer sind, dann kann jede Geschmackswahrnehmung als Ausdruck des Buddha wahrgenommen werden.

The Sense "Taste"

The sense of taste distinguishes different qualities such as sweet, sour, salty, bitter, spicy etc. The attached mind divides these mere perceptions into pleasant, unpleasant and neutral. When we relinquish these values and realise that these characteristics are void of real existence and that their true nature is emptiness, the sense of taste can be perceived as an expression of Buddha.

Die Umhänge der Mönche erinnern an die Form der Lotusblume.
The capes of the monks are reminiscent of the shape of the lotus flower.

Der Buddha Amoghasiddhi

Der Buddha Amoghasiddhi (tib.: Dönyö Dubpa), der von unfehlbarem Erfolg ist, ist der Buddha der nördlichen Himmelsrichtung. *Ah* ist die Keimsilbe, aus der er sich verkörpert. Sein Element ist die Luft und sein Körper ist von grüner Farbe. Bei den Daseinsgruppen steht er für die Gestaltungskraft. Er ist das Oberhaupt der Karma-Buddha-Familie. Seine Hände formen die Geste der Furchtabwehr und sein Attribut ist der Doppelvajra (Sanskrit: vishvavajra). Amoghasiddhi verwandelt Neid, Geiz und Eifersucht in die alles vollendende Weisheit.

Die Geste „Ermutigung"

Der Buddha Amoghasiddhi hat die rechte Hand nach oben weisend zum Betrachter hin geöffnet. Diese Geste symbolisiert Ermutigung und Furchtabwehr. Amoghasiddhi hilft die Kraft der Furchtlosigkeit in jedem Wesen zu entfalten. Dann sind wir in der Lage, uns furchtlos jeder Situation zu stellen und auch schwierige Situationen auf unserem Weg zur Erleuchtung zu nutzen. Wir benötigen Furchtlosigkeit für die Meditation, um unseren Schattenseiten, tradionell als Dämonen bezeichnet, mutig zu begegnen.

The Buddha Amoghasiddhi

Buddha Amoghasiddhi (Tib.: Dönyö Dubpa), the "Infallible success", is the Buddha of the north. *Ah* is the seed syllable, from which he emanates. His element is air and his body is green. In the groups of existence he represents the compositional action. He is the head of the Karma-Buddha family. His hands make the gesture of fending off fear and his attribute is the crossed vajra (Sanskrit: vishvavajra). Amoghasiddhi transforms envy, avarice and jealousy into all-perfecting wisdom.

The Gesture "Protection"

Buddha Amoghasiddhi turns his right hand upward and open towards the observer in the gesture of encouragement and protection. Amoghasiddhi helps to develop the power of fearlessness in every being. Only then are we capable of confronting every situation without fear and of profiting from difficult situations on our way to enlightenment. We need fearlessness for meditation, in order to confront our dark sides, traditionally depicted as demons, with courage.

Nonnen aus Kham beim Sammeln von Almosen.
Nuns from Kham collecting alms.

Die Geistesgifte „Neid und Eifersucht"

Neid und Eifersucht beziehen sich auf Menschen, die größeren Besitz, größere Fähigkeiten oder mehr Glück haben als wir. Wenn diese Geistesgifte in unserem Geist Raum einnehmen, verdunkeln sie unser Denken und Handeln und bringen uns viel Leid.

Das Gegenmittel ist die Mitfreude. Wir sollen Mitfreude entwickeln und das Glück der anderen Menschen teilen, anstatt ihnen ihre Errungenschaften zu missgönnen. Wenn Eifersucht und Neid im Geist aufsteigen, sollen wir sie als leer und substanzlos wahrnehmen. Dann verwandeln sie sich in die allesvollendende Weisheit, die der Buddha Amoghasiddhi verkörpert.

The Mental Poisons "Envy and Jealousy"

Envy and jealousy are directed towards people who have more property, better abilities and greater happiness than we do. When these mental poisons invade our minds, they cloud our thoughts and actions and cause us much suffering.

The antidote is to rejoice with others. Instead of begrudging other people's achievements, we should rejoice with them and in this way share their good fortune. Perceiving envy and jealousy, when they appear in the mind, as empty and without substance transforms them into the all-perfecting wisdom embodied by Buddha Amoghasiddhi.

Das Element „Luft"

Der Buddha Amoghasiddhi verkörpert das Element Luft. Die Luft steht für das Prinzip der Bewegung und des Sichausdehnens. Im äußeren Raum, d.h. außerhalb des menschlichen Körpers, wird dies durch den Wind, im inneren Raum durch den Lebenshauch (Sanskrit: prana), den Atem repräsentiert.

Das Symbol „Doppelvajra"

Der Buddha Amoghasiddhi hat den Doppelvajra, oder wörtlich den All-Vajra

The Element "Air"

Buddha Amoghasiddhi personifies the element of air. Air represents the principle of movement and expansion. In external space, outside the human body, this is represented by the wind, in internal space by the breath of life (Sanskrit: prana).

The Symbol "Crossed Vajra"

Buddha Amoghasiddhi has the crossed vajra or, literally, the universal vajra (Sanskrit: vishvavajra) as his attri-

Gebetsfahnen auf dem Dölma-La nahe dem Kailash.
Prayer flags on the Dölma-La near the Kailash.

(Sanskrit: vishvavajra) als sein Attribut. Der Doppelvajra symbolisiert den unzerstörbaren Buddha-Geist in allen vier Himmelsrichtungen. Der Doppelvajra hat deshalb häufig die Farben der jeweiligen Himmelsrichtungen, mit einem weißen Zentrum. Als Basis für einen Mandalapalast, einen Thron oder einen einfachen Meditationssitz symbolisiert der Doppelvajra den unzerstörbaren Erleuchtungsgeist des Buddha als solide und unerschütterliche Grundlage.

bute. The crossed vajra symbolises the indestructible Buddha mind in all directions. For this reason the crossed vajra often has the colours of the four directions, with white in the centre. As a basis for a mandala palace, a throne or a simple meditation seat, the crossed vajra symbolises the Buddha's indestructible mind of enlightenment as a firm and unshakable foundation.

Rauchopferofen am Jokhang in Lhasa.
Sacrificial incense stoves at the Jokhang in Lhasa.

Wohlriechende Kräuter werden den Gottheiten geopfert.
Fragrant herbs are offered up to the deities.

Die Sinnesfähigkeit „Riechen"

Das Riechen, unterliegt wie alle Wahrnehmungen, unserer geistigen Bewertung und Einteilung. Der Geist teilt die Gerüche in wohlriechend, übelriechend und neutral ein. Auf Grundlage dieser Bewertung entstehen Anhaftung und Abneigung, die unseren Geist fesseln und uns an die Objekte der Welt binden.

Die tantrische Sichtweise nimmt alle Gerüche ohne Unterschied als Duft der himmlischen Wesen wahr und befreit uns von Anhaften und Bindung.

The Sense "Smell"

The sense of smell, like all other senses, is subject to our mental values and classifications. The intellect divides smells into categories of pleasant-smelling, unpleasant-smelling and neutral. On the basis of these values, attachment and aversion are built up, which bind us and our minds to worldly objects.

Tantric perception regards all smells without exception as the scent of heavenly beings and frees us from attachment and bonds.

Glossar / Glossary

Abhidharma-Texte / Abhidharma texts Systematische Darlegung der Lehre (Dharma), Teil der kanonischen Texte des Buddhismus, die nach der Tradition von Buddha selbst stammen / systematic explanation of the teachings (Dharma), a part of the canonical texts traditionally reputed to originate from Buddha himself.

Agni altindischer Feuergott der Veden / ancient Indian Fire-God of the Vedas.

Akshobhya *Tib. Mikyöpa*, der Unerschütterliche, einer der fünf Tathagata Buddhas / the imperturbable, one of the five Tathagata Buddhas.

Amitabha *Tib. Nangwa Thayä*, das unermessliche Licht, einer der fünf Tathagata Buddhas / the immeasurable light, one of the five Tathagata Buddhas.

Amitayus *Tib. Tsepagme*, Buddha des unermesslichen Lebens / Buddha of immeasurable longevity.

Amoghasiddhi *Tib. Dönyö Dubpa*, der von unfehlbarem Erfolg ist, einer der fünf Tathagata Buddhas / he of infallible success, one of the five Tathagata Buddhas.

Amrita *Tib. dütsi*, Nektar der Unsterblichkeit, ein Symbol der Weisheit, „Om Amrita Hum Phat", Mantra im Reinigungsritual / nectar of immortality, a symbol of the wisdom, "Om Amrita Hum Phat", a mantra of the cleansing ritual.

Atisha 982 - 1054, buddhistischer Gelehrter aus Indien, der in Tibet lehrte und maßgeblich dazu beitrug, dort den Buddhismus zu etablieren / Buddhist scholar from India who taught in Tibet and was decisive in establishing Buddhism there.

Avalokiteshvara *Tib. Tschenresi*, transzendenter Bodhisattva, verkörpert das grenzenlose Mitgefühl; der Dalai Lama gilt als eine Verkörperung dieses Bodhisattva / transcendental bodhisattva, personifies unlimited compassion; the Dalai Lama is regarded as an incarnation of this bodhisattva.

Barkhor heiliger Umrundungsweg um den Jokhang Tempel in Lhasa / holy circuit around the Jokhang Temple in Lhasa.

Bodhisattva wörtl. Erleuchtungswesen, ein Wesen, das die Erleuchtung zum Wohl aller Wesen anstrebt. Die großen Bodhisattvas, wie Avalokiteshvara, Manjushri oder Tara sind bereits erleuchtet und wirken beständig als Helfer aller Wesen / lit. Being of Enlightenment, a being aspiring to enlightenment for the benefit of all beings. The great bodhisattvas, like Avalokiteshvara, Manjushri or Tara, are already enlightened and act constantly as helpers of all beings.

Bön-Religion vorbuddhistische, schamanistische Religion Tibets / pre-buddhist, shamanistic religion of Tibet.

Bönpo Praktizierender der Bön-Religion / practitioner of the Bön-religion.

Bumpa Ritualkanne / ritual jug.

Chakpori der Eisenberg in Lhasa, auf dem bis zur Kulturrevolution die Medizinschule stand / the Iron Mountain in Lhasa, location of the medical school until the Cultural Revolution.

Chang tibetisches Bier / Tibetan beer.

Chöd wörtlich „Abschneiden", tantrische Praxis zur Auflösung von Anhaftung am Ego, bei der meditativ der eigene Körper an Dämonen geopfert wird / lit. "to cut off", Tantric practice to dissolve the adherance to the ego whereby one's own body is meditatively sacrificed to the demons.

Chödpa Praktizierender des Chöd-Rituals / practitioner of the Chöd-ritual.

Dakini *Tib. Khandroma*, weibliches Weisheitswesen / female wisdom deity.

Damaru Handtrommel in Sanduhrform zur Begleitung von Ritualen / hand drum in the shape of a sandglass used to accompany rituals.

Delchin tibetische Stabgeige / Tibetan stick fiddle.

Dharma *Tib. tchö*, die Ordnung des Universums, im erweiterten Sinn die Lehre des Buddha / the order of the universe, in a wider sense the teaching of Buddha.

Dranyen tibetische Langhals-Laute / Tibetan long-necked lute.

Drikung Kagyüpa eine der sechs Unterschulen der Kagyüpa Tradition, begründet von Jigten Sumgun (1143 - 1212), benannt nach dem 1179 von ihm gegründeten Kloster Drigung / one of the six sub-schools of the Kagyüpa tradition founded by Jigten Sumgun (1143 - 1212) and named after the Drigung Monastery that he founded in 1179.

Drilbu Glocke / bell.

Gelugpa die einflußreichste und jüngste von den vier tibetischen Hauptschulen des Buddhismus, im 14. Jhd. von Tsongkhapa (1357 - 1419) begründet / founded 14th C. by Tsongkhapa (1357 - 1419), the latest and most influencial of the four Tibetan main schools of Buddhism.

Gönkhang Kapelle in der Schutzgottheiten verehrt werden / chapel where protective deities are worshipped.

Gönpo Schützer der Lehre, zornvolle Gottheiten, Erscheinungsformen der Weisheit / protectors of teachings, wrathful deities, manifestations of wisdom.

Gyantse Handelsstadt im Süden Tibets / trading town in the south of Tibet.

Gyüto Obere Tantra-Fakultät, traditionell eine der beiden Tantra-Fakultäten in Lhasa / Upper Tantric College, traditionally one of the two Tantric colleges in Lhasa.

Herzsutra / Heart Sutra kurzer Text, der die umfangreichen Texte zur transzendenten Weisheit zusammenfasst / a short text, a summary of the extensive texts on transcendental wisdom.

Hinayana *Tib. thegpa chungwa*, kleines Fahrzeug, Bezeichnung für eine geistige Haltung bei der die eigene Verwirklichung im Vordergrund steht / Small Vehicle, the term for a mental attitude in which one's own realisation is the central theme.

Homa-Ritual altindisches Feuerritual / ancient Indian fire ritual.

Jamkhang Maitreyakapelle / chapel of the Buddha Maitreya.

Juwelen / Jewels in vielen Ritualen wird Zuflucht genommen zu den „Drei Juwelen" Buddha, Dharma und Sangha / in many rituals people take refuge in the "Three Jewels" Buddha, Dharma and Sangha.

Jokhang heiligster Tempel in Lhasa und ganz Tibet / holiest temple of Lhasa and the whole of Tibet.

Kagyüpa eine der vier Hauptschulen des tibetischen Buddhismus, gegründet von Marpa im 11. Jhd. / one of the four Tibetan main schools of Buddhism, founded in the 11th C. by Marpa.

Kapala Schädelschale, Ritualgegenstand / ritual bowl made out of a human skull.

Kashyapa Buddha der Vergangenheit / Buddha of the past.

Kathak Glücksschal / offering scarf.

Kham östliche Landesteile der tibetischen Hochebene / eastern province of the Tibetan highland.

Khora ritueller Umrundungsweg um einen heiligen Ort / ritual circuit around a holy place.

Kusha-Gras (Poa cynosuroides) langstieliges Gras, findet im Ritual Verwendung / long-stemmed grass used in rituals.

Lama *Sanskrit Guru*, Lehrer / teacher.

Lanza-Alphabet Schmuckschrift für heilige Formeln und Texte / decorative script for holy formulae and texts.

Lhakhang wörtl. Haus der Götter, Kapelle / lit. house of the gods, chapel.

Lhasa Stadt der Götter, Hauptstadt Tibets / city of the gods, capital of Tibet.

Lungta Windpferd, oft auf Gebetsfahnen gedruckt, trägt die Gebete in alle Himmelsrichtungen / wind horse, often printed on prayer flags, carries the prayers in all directions.

Machig Lapdrön 11. Jhd., Mystikerin, Begründerin der Chöd-Tradition / 11th C., female mystic, founder of the Chöd tradition.

Mahayana *Tib. thegpa* chenpo, großes Fahrzeug, Schule des Buddhismus, für die die Erlösung aller Lebewesen im Zentrum steht / Great Vehicle, school of Buddhism stressing the deliverance of all living beings.

Maitreya *Tib. Jampa*, der zukünftige Buddha, Buddha der liebenden Güte / future Buddha, Buddha of loving kindness.

Mandala *Tib. kyilkhor*, kreisförmige Meditationsbilder, symbolische Darstellung eines tantrischen Meditationsweges / circular meditation pictures, symbolic images of a Tantric path of meditation.

Manikhor große Gebetsmühle / large prayer-wheel.

Manilagkhor Handgebetsmühle / hand prayer-wheel.

Mani-Stein / **Mani stone** Stein mit heiligem Text (Mantra), „Om Mani Padme Hum", O Du Juwel im Lotus / stone inscribed with a holy text (mantra), "Om Mani Padme Hum", O you jewel in the lotus.

Manjushri *Tib. Jampelyang*, Bodhisattva der Weisheit / Bodhisattva of Wisdom.

Mantra *Tib. ngag*, heiliger Spruch, Wirkworte innerhalb des Rituals / sacred verse used in rituals.

Meru heiliger Berg im Zentrum des Universums / sacred mountain at the center of the universe.

Meru Nyingpa Tempel in Lhasa, gegründet im 7. Jhd. / temple in Lhasa, founded in the 7th C.

Mudra *Tib. tchagya*, rituelle symbolische Handgeste / ritual symbolic gesture.

Nga Trommel, Ritualinstrument / ritual drum.

Ngönpa Maskentragende Tänzer in der tibetischen Oper / masked dancer in the Tibetan opera.

Nirvana wörtl. Verlöschen, die buddhistische Erlösung, das Verlöschen von Leid und seiner Ursachen / lit. erase, obliterate, the Buddhist deliverance, the obliteration of suffering and its causes.

Padmasambhava der Lotusgeborene, indischer Tantriker des 8. Jhd., gilt in der Tradition als der erste Verbreiter des Buddhismus in Tibet / the Lotus-born, an Indian Tantric in the 8th C. traditionally regarded as the first person to have spread the Buddhist teaching in Tibet.

Palden Lhamo Glanzvolle Göttin, zornvolle Schützerin von Tibet / Glorious Goddess, wrathful protectress of Tibet.

Paramitas die sechs Vollkommenheiten: Freigiebigkeit, ethisches Verhalten, Schwierigkeiten ertragen können, eifriges Bemühen, Stabilität des Geistes und Weisheit / the six perfections: generosity, ethical conduct, endurance of difficulties, fervent effort, stability of mind and wisdom.

Potala Winterpalast der Dalai Lamas in Lhasa / winter palace of the Dalai Lamas in Lhasa.

Puja Opferhandlung oder Gebet / religious offering or prayer.

Ramoche Tempel in Lhasa, gegründet im 7. Jhd. / temple in Lhasa, founded in the 7th C.

Ratnasambhava *Tib. Rinchen Djungden*, der Juwelen Geborene, einer der fünf Tathagata Buddhas / the Jewel Born, one of the five Tathagata Buddhas.

Rölmo Musikinstrument, Becken, die senkrecht aufeinander geschlagen werden / musical instrument, cymbals struck vertically against each other.

Sakya eine der vier Hauptschulen des tibetischen Buddhismus, begründet von Künga Ningpo (1092 - 1158), benannt nach dem Kloster Sakya (fahle Erde) / one of the four main schools of Tibetan Buddhism founded by Künga Ningpo (1092 - 1158), and named after the Sakya (fallow earth) Monastery.

Sangha die buddhistische Gemeinschaft der Praktizierenden / the Buddhist community of practitioners.

Sarasvati indische Göttin der Musik, „Om Sarasvati Soha", Mantra der Musiker / Indian deity of music, "Om Sarasvati Soha", mantra of the musicians.

Shakyamuni der Weise aus dem Shakyageschlecht, ein Name für den historischen Buddha Siddharta Gautama / the wise man of the lineage of Shakya, the historic Buddha Siddharta Gautama.

Shariputra einer der beiden Hauptschüler des Buddha / one of the two foremost disciples of Buddha.

Shigatse zweitgrößte Stadt in Tibet / second largest city in Tibet.

Shiva wichtige Hindu-Gottheit, deren Einfluß in der Gestalt des Mahakala sichtbar ist / important Hindu deity whose influence is apparent in the figure of Mahakala.

Tantra Textbuch mit Lehren und Anweisungen für eine besondere meditative Praxis. Die Tantra-Texte werden in vier Klassen eingeteilt, von denen die vierte und höchste Klasse die Uttara-Yogatantras (Höchsten Yogatantras) sind. Die Nyingmapa Schule kennt neun Tantraklassen / textbook of the teachings and instructions for particular meditative practice. The Tantra texts are divided into four classifications from which the Uttara-yogatantras

(Highest Yoga Tantras) are the fourth and highest class. The Nyingmapa school has nine Tantra classes.

Tara *Tib. Dölma*, die Erlöserin, weiblicher Bodhisattva / the deliverer, female bodhisattva

Tathagatas, die fünf, wörtl. die So-Gegangenen, auch die fünf Jinas *Tib. gyalwa nga* (die Sieger) genannt, die fünf kosmischen Buddhas / the five, lit. thus-gone ones, also known as the five Jinas *Tib. gyalwa nga* (victors), the five cosmic Buddhas.

Terdom, **Terdrom** Nonnenkloster, gegründet im 8. Jhd. / nunnery, founded in the 8th C.

Terma Schatztext, spiritueller Text, der zum Wohle späterer Generationen verborgen wurde / treasure text, spiritual text that was hidden for the benefit of later generations.

Thangtön Gyälpo 1385 - 1464, tibetisches Universalgenie, u. a. Brückenbauer und Schöpfer der tibetischen Oper / Tibetan universal genius, bridge builder, creator of Tibetan opera.

Tsampa geröstete Gerste, Grundnahrungsmittel in Tibet / roasted barley flour, Tibet's staple food.

Tsongkhapa 1357 - 1419, Gründer des Gelugpa-Ordens / founder of the Gelugpa order.

Tushita *Tib. Potala*, buddhistischer Himmel, in dem der zukünftige Buddha weilt / Buddhist heaven in which the Future Buddha sojourns.

Umtse Ritualmeister / ritual master.

Vairocana *Tib. Nampar Nangdzä*, der Strahlende, einer der fünf Tathagata Buddhas / the illuminator, one of the five Tathagata Buddhas.

Vajra *Tib. Dorje*, Herr der Steine, Diamantzepter / lord of the stones, diamond sceptre.

Vajradhara *Tib. Dorje Chang*, der Halter des Vajra, Erscheinungsform des Urbuddhas (Adi-Buddha), wird manchmal auch als der sechste Tathagata Buddha bezeichnet / the bearer of the vajra, manifestation of primordial Buddha (Adi-Buddha), sometimes also denoted as the sixth Tathagata Buddha.

Vajrapani *Tib. Chagna Dorje*, der den Vajra in der Hand hat, ist ein viel verehrter transzendenter Bodhisattva, er verkörpert die Tatkraft und wird häufig in seiner zornvollen Erscheinungsform dargestellt / he who holds the vajra in his hand, a much worshipped transcendental bodhisattva personifying vigour, is often depicted as a wrathful deity.

Vajrayana *Tib. dorje thegpa*, Diamantfahrzeug, tantrische Richtung des Mahayana Buddhismus / Diamond Vehicle, the Tantric form of Mahayana Buddhism.

Veden / **Vedas** die vier Veden, heilige Texte der altindischen Religion, bilden die Grundlage des Hinduismus / the four Vedas, sacred texts of the ancient Indian religion form the foundations of Hinduism.

Yama *Tib. Shindje*, der Herr des Todes / the lord of death.

Yamantaka *Tib. Shindjeshe*, Bezwinger des Todes, zornvolle Erscheinungsform des Manjushri / conqueror of death, wrathful emanation of Manjushri.

Yang chen großer Yang-Stil, besonderer Stil in der tibetischen Ritualmusik / great Yang style, special style in Tibetan ritual music.

Yeshe Tsogyal 8. Jhd., erleuchtete Schülerin und Gefährtin Padmasambhavas / 8th C., enlightened disciple and consort of Padmasambhava.

Alle Filme auf der DVD / All Films on DVD

Track	Titel / Title	Dauer / Duration
	Trailer Tibeter sehen sich auf dem Display/ Tibetans see themselves on the Display	2'38"
03/04	**Lehren** Buddhastatuen im Lakhang / **Teaching** Buddha Statues in the Lakhang	1'31"
	Verblendung / **Ignorance**	
05/06	Grundlagen der Disputation / Basics of Disputation	5'38"
07/08	Disputation mit Abschlussgebet an die Tara / Disputation and Prayers to the Tara	7'07"
09/10	Disputation über die Leerheit / Disputation about Emptiness	3'31"
11/12	Disputation – Natur der Phänomene / Disputation – Nature of Phenomena	1'06"
13/14	**Rad** Gebetsmühlen / **Wheel** Prayer-wheels	2'59"
15/16	**Hören** Wandermusikanten / **Sound** Wandering Bards	5'06"
17/18	**Hass** Mahakala-Puja / **Hatred** Mahakala Puja	3'17"
19/20	**Wasser** Reinigungsritual / **Water** Cleansing Ritual	8'28"
21/22	**Vajra** Puja im Kloster Terdrom / **Vajra** Puja in Terdrom Nunnery	5'43"
23/24	**Gewährung** Tara-Puja im Hof von Sera / **Granting** Tara Puja in Sera	1'38"
25/26	**Stolz** Chöd-Ritual / **Pride** Chöd Ritual	3'41"
27/28	**Erde** Steinmetze erstellen Manisteine / **Earth** Stonemasons making Mani Stones	2'20"
29/30	**Juwel** Niederwerfungen / **Jewel** Prostrations	6'58"
31/32	**Sehen** Tibetische Oper / **Sight** Tibetan Opera	3'58"
	Meditation / **Meditation**	
33/34	Tantrische Meditation auf dem Lingkhor / Tantric Meditation on the Lingkhor	1'04"
35/36	In der Schützerkapelle und Versammlungshalle des Klosters Drepung / In the Protector Chapel and great Assembly Hall of Drepung Monastery	7'00"
37/38	Schützer-Ritual im Tsephak Lhakhang / Protector Ritual in the Tsephak Lhakhang	6'36"
39/40	Ritualmusik im Kloster Gonkar Chöde / Ritual Music in Gonkar Chöde Monastery	3'44"
41/42	Mahakala-Puja im Jamkhang Tempel / Mahakala Puja in the Jamkhang Temple	6'51"
43/44	**Begierde** Puja mit Mandalaopfer / **Desire** Puja with Mandala Offering	5'16"
45/46	**Feuer** Tantra-Ritual mit Feuerpuja / **Fire** Tantric Ritual with Fire Puja	19'05"
47/48	**Lotus** Puja nach der Debatte / **Lotus** Puja after the Debate	6'43"
49/50	**Ermutigung** Lehrer und Novize / **Protection** Teacher and Novice	2'47"
	Neid, Geiz / **Envy**	
51/52	Opfergaben an heiligen Plätzen / Offerings in Holy Places	6'52"
53/54	Butterlampen im Jokhang / Butter-Lamps at Jokhang	2'01"
55/56	Pilger im Kloster Drepung / Pilgrim in Drepung Monastery	1'49"
57/58	**Luft** Gebetsfahnen am Chakpori / **Air** Prayer Flags at Chakpori	2'27"
59/60	**Riechen** Rauchopfer / **Smell** Smoke Offering	5'53"

Impressum / Credits

Buch mit DVD / Book with DVD

Text:
Uwe Bräutigam

Film & Photos:
Alexander Ribowski

Übersetzung / Translation:
Joanne Windaus

Abbildung der fünf Tathagata-Buddhas und der weißen Tara / Illustration of the five Tathagata Buddhas and the white Tara: Völkerkundemuseum der Universität Zürich, mit freundlicher Genehmigung von Dr. Martin Brauen / Ethnographic Museum, University of Zurich, with the kind permission of Dr. Martin Brauen

Wir danken Geshe Ngawang Thapke für seine freundliche Beratung /
Special thanks to Geshe Ngawang Thapke for his kind support

Layout & Screendesign:
Werner Schramm, Johannes Esser

Sprecher Deutsch / German commentary:
Daniel Werner

Sprecher Englisch / English commentary:
Paul Bendelow

DVD Postproduction:
Weltrekord TV

DVD Programmierung / DVD Authoring:
ProfiMAZ Studios

Erschienen in der Reihe / published in the **TIBET EDITION**
www.tibet-edition.de, info@tibet-edition.de

Website: www.colorsofsenses.com

Printed in Germany by Förster & Borries

ISBN 3-9807396-6-X